Ute York

Floristik mit Obst, Gemüse und Kräutern

UTE YORK

Floristik mit Obst, Gemüse und Kräutern

Eßbare Geschenk- und Schmuckideen zum Selbermachen

Mit Arrangements von
Lina Mehnert und Jens Glandien

Naturbuch Verlag

Die Deutsche Bibliothek – CIP-Einheitsaufnahme

Floristik mit Obst, Gemüse und Kräutern : essbare Geschenk- und Schmuckideen zum Selbermachen / Ute York. – Augsburg : Naturbuch-Verl., 1995
ISBN 3-89440-179-6

Umschlagfotos: William York

Gedruckt auf umweltfreundlich chlorfrei gebleichtem Papier.

Naturbuch Verlag

Umschlaggestaltung: Peter Engel, Grünwald
Fotos: William York, München
Satz und Layout: Gesetzt aus Rotis Sans Serif von Vera Faßbender
Weltbild Verlag, Augsburg
Reproduktion: Himmer, Augsburg
Druck und Bindung: Himmer, Augsburg
Printed in Germany

ISBN 3-89440-179-6

Inhalt

Sträuße und Gebinde – zum Aufessen schön!

Wer sagt denn, daß Sträuße, Kränze und Girlanden nur aus Blumen und Blattwerk bestehen müssen? Und daß Obst und Gemüse ausschließlich zum Essen da sind? Es gibt eine ganze Reihe von Gärtnern, Floristen, Botanikern (und Köchen!), denen die – botanisch betrachtet übrigens sehr willkürliche – Trennung zwischen Pflanzen für die Vase und Pflanzen zum Verzehr nie recht eingeleuchtet hat. Das bedeutet nun keineswegs, daß Sie künftig alles, was grünt und blüht – und nicht gerade giftig ist – aufessen müssen, oder umgekehrt alles, was die Natur an Eßbarem wachsen läßt, zum Kranz binden oder in eine Vase stellen. Wir dürfen uns einfach die Freiheit nehmen, im Umgang mit dekorativen Pflanzen – ganz gleich, aus welcher Kategorie sie eigentlich stammen, ein wenig flexibler zu sein. Wir brauchen dabei nicht einmal ein schlechtes Gewissen zu haben: Die Äpfel und Trauben, die Kräuter, Nüsse und zahllosen Gemüsesorten, aus denen (unter anderem) die Arrangements in diesem Buch bestehen, werden nicht etwa zweckentfremdet – und es werden dabei auch keine Lebensmittel vergeudet. Im Gegenteil! Was spricht denn dagegen, schöne und eßbare Pflanzen – gleich welcher Art – doppelt zu nutzen: Sie zunächst eine Weile bewundernd anzuschauen – und dann mit Genuß aufzuessen?
Mit Ihrer Phantasie und unseren Anregungen, so hoffen wir, wird es Ihnen gelingen, Schönheit und guten Geschmack so zu verbinden, daß daraus lebendige, appetitliche und heitere Kompositionen entstehen – zum Reinbeißen schön! Viel Vergnügen also – und guten Appetit!

Zugegeben, es ist nicht jedermanns Sache, die prächtigen Blüten von Rosen und Stiefmütterchen in der Küche zu verwenden, aber eßbar sind sie auf alle Fälle.

Mit Blüten kochen

Die schönsten eßbaren Blüten werden schon seit Jahrhunderten auch in der Küche verwendet – zumindest einige von ihnen. Die Chinesen etwa liebten ganz besonders den Geschmack der Blüten von Lotus, Pfingstrose, Chrysantheme und Jasmin.
Aus Indien und den arabischen Ländern stammen zahllose Rezepte für Gerichte, die mit Orangenblüten, ganz besonders jedoch mit Rosen, zubereitet werden: Rosensuppe, Rosencreme, Rosenmarmelade und Roseneis, um nur einige Beispiele zu nennen. Die ältesten europäischen Kochbücher, in denen beschrieben wurde, wie man mit Rosen, Ringelblumen, Nelken oder Holunderblüten Marmeladen, Süßspeisen, Salate und Saucen verbessern kann, stammen aus dem 16. Jahrhundert. Ähnlich alt sind Rezepte für Lavendelwein und Lavendelessig.
Manche eßbare Blüten wie Borretsch, Stiefmütterchen und Gänseblümchen sind überwiegend zur Zierde da.
Andere wie Veilchen, Nelken und Rosen wurden gern verwendet, weil sie einen Hauch ihres Duftes an die Speisen weitergeben. Das Rezept für Rosenblättermarmelade (Seite 7) stammt aus England:

Eßbar (und recht attraktiv!) sind die Blüten folgender Kräuter:
Basilikum, Bergamotte, Borretsch, Ginster (in kleinen Mengen), Kapuzinerkresse, Kamille, Lavendel, Majoran, Minze, Rosmarin, Safran, Salbei, Schnittlauch, Senf, Storchschnabel, Thymian, Zichorie

Attraktiv (und eßbar!) sind die Blütenblätter der folgenden Blumen:
Chrysantheme *(Chrysanthemum coronarium)*, Duftpelargonie, Gänseblümchen *(Bellis perennis)*, Holunder, Jasmin, Kapuzinerkresse, Löwenzahn, Lotus, Malve, Minze, Nelke, Petunie, Pfingstrose, Primel, Ringelblume, Rose, Schlüsselblume, Stiefmütterchen, Stockrose, Veilchen, Vergißmeinnicht

Attraktive eßbare Gemüseblüten:
Feuerbohne, Zucchini

Rosenblättermarmelade
2,5 kg Zucker und 1 l Wasser zu Sirup kochen, 500 g Rosenblätter hinzufügen, den (bitteren) weißen Teil der Blütenblätter vorher abschneiden und den Saft von 2 Zitronen sowie Rosenessenz dazugeben. Alles köcheln lassen, bis die Marmelade dick wird. In Gläser füllen und gut verschließen.

Wunderschön nostalgisch: gezuckerte Blüten
Die Idee, eßbare Blüten durch Ei und Zucker nicht nur fast unbegrenzt haltbar, sondern auch besonders wohlschmeckend zu machen, stammt aus England. Besonders beliebt waren die „candied flowers" zu Zeiten der Queen Victoria – also im vergangenen Jahrhundert. Aber auch heute noch kommen sie, vor allem in Süßspeisen, Kuchen und Drinks, sehr gut an. So geht's: Eiweiß schaumig, aber nicht ganz steif schlagen. Mit feinem Pinsel auf beide Seiten der Blütenblätter aufpinseln. Mit feinem Zucker bestreuen – oder mit Pinzette erst in den Eischnee und dann in den Zucker tauchen und auf mit Backpapier belegtem Blech einige Stunden trocknen lassen. Wenn die obere Seite trocken ist, umdrehen.

Auch Primeln (oben) und die blauen Blüten des Rosmarin (rechts) sind genießbar – sehr sogar. Probieren Sie auch einmal das Rezept für gezuckerte Blüten, das unten auf dieser Seite zu finden ist!

Die Lavendelblüte macht's!
Keine Würzmischung vom Typ „Kräuter der Provence" ist denkbar ohne die duftenden zartblauen Lavendelblüten, die für Südfrankreich so typisch sind. Außerdem gehören folgende Kräuter dazu: getrockneter Thymian, Rosmarin, Majoran, Oregano, Basilikum, Taragon und Bohnenkraut. Sparsam verwendet, gibt die provencalische Kräutermischung südländischen Eintöpfen und Kasserolen ihren typischen Geschmack.

Übrigens ... Blütentee zur guten Nacht Aus Zitronen-, Lavendel- und Kamilleblüten läßt sich ein Tee kochen, der bei Schlafstörungen hilft. Eine Tasse vor dem Einschlafen soll Wunder wirken!

Sträuße und Kränze aus Obst und Gemüse

Auch der Gedanke, Obst und Gemüse zum Schmücken zu verwenden, ist nicht neu. Die sogenannten klassischen Stilleben – häufig handelte es sich dabei um die Abbildung kunstvoll arrangierter Früchte – hatten in der Kunst der vergangenen Jahrhunderte ihren festen Platz. Aber solche Gemälde wirken für den modernen Geschmack fast ausnahmslos ein wenig leblos. Kein Vergleich mit den heiteren, lebendigen Arrangements, die künftig Ihre Wohnung schmücken werden.
Freilich, längst nicht alle Blüten sind eßbar – und nicht alle, die eßbar sind, schmecken auch gut. Andererseits sind längst nicht alle Früchte, die gut schmecken, eine Augenweide.

Gemüse:
Artischocken, Chilischoten, Cocktail- und Strauchtomaten, Frühligszwiebeln, getrocknete Pilze, Karotten mit Grün, Kohlarten, Wirsing, Blumenkohl, Rot- und Weißkohl (besonders hübsch sind die Minizüchtungen), Broccoli, Kirschen am Stiel (am besten Zwillingskirschen), Knoblauchzwiebeln, Kürbis, Lollo rosso, Lorbeerblätter, Litschis, Paprika, Pfefferrispen (frisch), Pfefferschoten, Pilze, Radicchio rosso, Radieschen, Rosenkohl, Tamarillo, Wirsing, Zimtstangen, Zitronengras, Zuckerrohr, Zucchiniblüten, Zwergsquash

Früchte, Beeren und Co.:
Ananas, Brombeeren, Bananen, Erdbeeren mit Blättern, Erdnüsse, Granatäpfel, Hagebutten, Haselnüsse, Himbeeren, Holunderbeeren, Hopfen, Johannisbeeren, Kumquat, Limonen, Litschis, Physalis, Preiselbeeren, Schlehen, Trauben, tropische Früchte, und Blüten, Vogelbeeren, Walnüsse, Weiß- und Rotdornbeeren, Zierkohl, Zierkürbis, Zitronen, Zwergananas, Zuckerrohr

Zapfen und Samenstände:
Fenchel, Kiefer, Lärche, Lotos, Mohn

Zierobst und Gemüse:
Zierkohl, Zieräpfel, Zierkürbis, Zierquitten, Zwerggranatäpfel

Blattgrün, Ranken und Laub:
Asparagus, Brombeeren, Buchsbaum, Zitrusbäumchen, Efeu (die Beeren sind giftig!), Eucalyptus, Hartriegel, Hebe, Herbstlaub, Hopfen, Kiefernzweige, Mistelzweige, Obstbaumzweige, Ruskus, Salall, Schneeball, immergrüner mit Beeren, Stechpalme, Tannengrün, Wein, Wilder Wein, Zypergras

Noch ein paar Tips am Rande: Gemüsegartenbesitzer aufgepaßt!
Falls Ihnen der Schreck über die Zucchinischwemme vom letzten Sommer noch in den Knochen sitzt: Lassen Sie es in diesem Jahr gar nicht erst soweit kommen. Eine wunderbare und wohlschmeckende Art, die Zucchini in Schach zu halten, ist, sie bereits als Blüten zu verzehren: In Pfannkuchenteig getaucht und in schwimmendem Fett ausgebacken – eine Delikatesse!

Leuchtend rote Erdbeeren und blütenweiße Zwiebeln: daraus kann man mit ein wenig Mut und Phantasie die schönsten Sträuße binden.

Mit Gemüse, Beeren und Früchten dekorieren

Haben Sie schon einmal mit eßbaren Pflanzen dekoriert? Vorsicht: Wenn Sie erst mal damit angefangen haben, können Sie so leicht nicht wieder aufhören. Ihrer Phantasie wachsen förmlich Flügel. Auf jedem Spaziergang durch Garten und Natur, jedem Einkaufsbummel über Märkte und durch Obst- und Gemüsegeschäfte werden Sie künftig neue Anregungen finden. Hier ein paar Hinweise auf Sorten, die schön, haltbar und besonders gut zum Dekorieren und Binden geeignet sind:

„Fast Echtes"
Manchmal ist es nicht nur erlaubt, sondern sogar sinnvoll, ein wenig zu schummeln – vor allem dann, wenn die Jahreszeit bei Ihren Vorstellungen so absolut nicht mitspielt. Durchstöbern Sie einmal die Floristikabteilung der großen Blumengeschäfte. Sie werden überrascht sein, wie täuschend echt manche Äpfel, Weintrauben, Zierkürbisse und Herzkirschen aussehen! Exzellent nachgemachte Früchte und Gemüsearten haben gegenüber den echten einige Vorteile:
- Sie sind dem Original täuschend ähnlich, aber viel leichter, verderben

nicht, lassen sich bequemer verarbeiten, werden beim Transport nicht so leicht verletzt und sind fast unbegrenzt haltbar. Lauter gute Gründe, gelegentlich ausgezeichnet nachgemachte Früchte – aber wirklich nur solche – zusammen mit echten in einem Arrangement unterzubringen.

Darauf müssen Sie bei Ernte und Einkauf achten

Ganz gleich, ob Sie Blumen, Blattwerk, Gemüse oder Früchte aus Ihrem Garten holen oder im Geschäft einkaufen: Damit Sie sich an Ihrem Gebinde lange erfreuen können, sollten Sie auf ein paar Dinge achten:
Gartenblumen, Ranken und Zweige: Am besten schneiden Sie Blumen am frühen Morgen oder am Abend. Vermeiden Sie die heiße Tageszeit, weil die Pflanzen dann, genau wie Menschen, ins Schwitzen kommen, Feuchtigkeit verlieren und schnell erschöpft sind – erst recht unter Streß! Auch sonst können Sie einiges tun, um den Schock zu mildern, den die Pflanze durch das Abschneiden erleidet. Gleich nach dem Schneiden (mit einem scharfen Messer oder einer Rosenschere) sollten Sie die Stiele schräg anschneiden, damit die Oberfläche, mit der sie Wasser ansaugen, so groß wie möglich ist. Und dann gehören sie möglichst rasch ins Wasser. Am besten sogar sofort: Ihre Pflanzen danken es Ihnen, wenn Sie einen Eimer lauwarmes Wasser mit in den Garten nehmen und die Pflanzen gleich hineinstellen. Wenn keine Luft an die Stiele kommt, haben sie nämlich erst gar nicht die Möglichkeit, sich zu versiegeln, und so können sie mehr Wasser aufsaugen und bleiben länger frisch. Es ist übrigens ein weitverbreiteter Irrtum, daß das Wasser möglichst kalt sein sollte, damit die Pflanzen frisch bleiben -im Gegenteil: lauwarmes Wasser ist ihnen viel lieber!
Je schärfer das Messer, desto geringer ist die Gefahr, daß sich an der Schnittfläche Bakterien bilden – auch eine wichtige Voraussetzung für eine lange Lebensdauer! Eine Pflanze ist nach dem Schnitt zwar geschockt, aber noch längst nicht tot. Auch nach der Ernte atmet sie noch durch die Blätter und den Stiel weiter, und deshalb benötigt sie weiterhin Nahrung und Wasser.

Obst und Gemüse

Verwenden Sie grundsätzlich nur frische Produkte. Wenn Sie Beerenobst im Garten oder im Wald pflücken, ernten Sie möglichst immer in der Frühe und lassen Sie Stiele, Blätter und Zweige dran. Das verlängert die Lebensdauer und sieht viel natürlicher aus. Bei Kohl, Salaten etc., die Sie zunächst zur Zierde verwenden möchten, ist es allerdings ratsam, die äußeren Blätter zu entfernen. Obst und Gemüse, das Sie zum Dekorieren verwenden möchten, bitte nicht waschen. Dann hält es länger!
Wenn Sie auf Haltbarkeit aus sind, sollten Sie bei der Ernte auf den Mondstand schauen: Ideal ist der abnehmende Mond. Alte Mondgärtner

Am dekorativsten sehen Gemüse und Früchte frisch vom Markt aus. Aber in Floristikgeschäften gibt es verblüffend echt aussehende Nachbildungen zu kaufen (links oben).

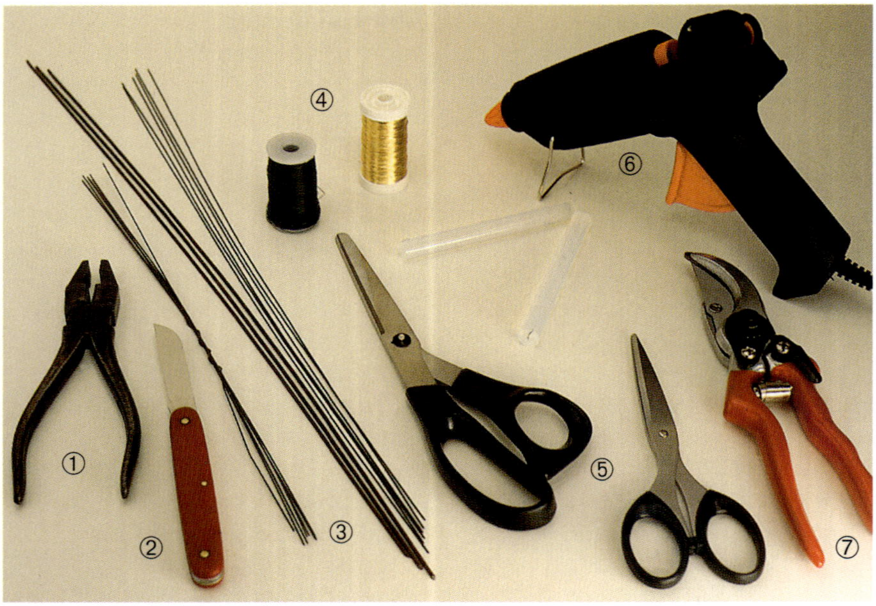

Das sollten Sie haben: Zange zum Drahtschneiden ①, ein scharfes Taschenmesser ②, Steckdraht in verschiedenen Stärken ③, Wickeldraht ④, Scheren ⑤, Heißklebepistole ⑥, Gartenschere ⑦.

wissen seit Jahrhunderten, daß frisches Obst und Gemüse bei zunehmendem Mond deutlich schneller verderben.
Kräuter, deren Blüten zum Trocknen geerntet werden sollen, werden geschnitten, wenn sich die Blüten gerade öffnen. Wird der Samen benötigt, werden die Blütendolden geschnitten, sobald die Samenkörner beginnen, sich braun zu färben. Ideal ist der Morgen eines sonnigen Tages: So spät, daß der Tau der Morgenfrühe schon getrocknet ist, und so früh, daß sich die ätherischen Öle, die sich in winzig kleinen Kanälen in den Blättern, Stielen und Samen der Pflanze befinden, noch nicht eingetrocknet sind. Echte Kräutersammler ernten zwischen 10 und 11 Uhr morgens. Waschen Sie die Kräuter, die Sie trocknen wollen, nach Möglichkeit nicht!

Nach dem Pflücken oder Kauf: ohne Fleiß keinen Strauß

Wenn Sie glauben, nun hätten Sie alle Vorleistungen erfüllt und dürften endlich das tun, was Ihnen die größte Freude macht – nämlich einen Strauß binden oder die Blumen und Früchte zu einem Arrangement zusammenfügen – Irrtum: Jetzt geht's erst richtig los. Alle Pflanzen wollen liebevoll behandelt und gepflegt werden, bevor sie in die Vase kommen oder zu Kranz und Girlande weiterverarbeitet werden. Ganz wichtig:
Anschneiden: Wenn Luft an die Stielenden kommt, trocknen sie ein und können nicht mehr genügend Wasser aufnehmen. Deshalb müssen die Stiele von Schnittblumen grundsätzlich angeschnitten werden. Am besten schräg, wegen der größeren Fläche. Manche Pflanzen haben freilich noch Sonderwünsche:
Entblättern: Entfernen Sie grundsätzlich alle Blätter, die in der Vase unter Wasser stehen würden – das verhindert die Bildung von Bakterien.
Aufklopfen: Holzige, harte Stämme, Zweige und Stiele absorbieren das Wasser besser, wenn Sie sie auf den Tisch legen und die Enden der Stiele vorsichtig mit dem Hammer klopfen.
Entrinden und spalten: Rosen, Kamelien und kräftige Stauden müssen am Stielende geschält und etwa 2,5 cm aufgespalten werden. Pflanzen mit holzigem Stiel ebenfalls schälen.

Nach soviel Streß brauchen Pflanzen ein Vollbad: die besten Badezusätze

• Lassen Sie Ihre sorgsam vorbehandelten Pflanzen nun zur Erholung einige Zeit in einem Eimer mit lauwarmen Wasser stehen, ehe Sie sich ans Binden machen – sie werden es Ihnen durch besondere Haltbarkeit vergelten. Besonders dann, wenn Sie einige der Tricks anwenden, mit denen erfahrene Floristen und andere Menschen mit grünem Daumen das Leben ihrer Schnittbumen verlängern:
• **Rosen** halten länger, wenn man sie zwei Stunden lang in eine Salzlösung stellt: 2 Eßlöffel auf 1 Liter.
• **Gladiolen** lieben ein Fußbad in Essigwasser (5 Eßlöffel auf 1 Liter).
• **Dahlien** leben länger, wenn man die Enden abflämmt oder ankocht und dann für paar Stunden die Pflanzen in Eiswasser stellt, dem man pro Liter 5 Eßlöffel Alkohol beigibt.
• **Margeriten** lieben ein Fußbad aus 1 Liter Wasser mit 8 Tropfen Pfefferminzöl.
• **Veilchen** bleiben viel länger frisch, wenn sie zusammengebunden ein paar Stunden lang ein Vollbad nehmen dürfen – am liebsten mit den Köpfen unter Wasser – und erst dann in eine Vase mit Eiswasser gestellt werden.
• **Ringelblumen** schätzen zur Erholung 1 Eßlöffel Zucker und 1 Eßlöffel Salz auf 1 Liter Wasser.

• **Tulpen** und **Pfingstrosen** stehen gern über Nacht bis zum Kragen an einem kühlen Ort in lauwarmem Wasser – sie leben dann bis zu fünf Tage länger.
• **Hyazinthen** halten länger, wenn Sie gleich nach dem Schneiden die geleeartige Flüssigkeit aus dem Stiel drücken und sie dann in sehr kaltem Wasser mit 5 Tropfen Pfefferminzöl stehen lassen.

So pflegen Sie Ihr fertig gebundenes Werk

• Alle Pflanzen, Beeren, Gemüse und Früchte danken es Ihnen, wenn Sie die Nacht in einem kühlen Raum verbringen dürfen.
• Setzen Sie Ihr Arrangement nicht der prallen Sonne aus, aber vermeiden Sie auch Zugluft oder zu große Nähe zur Heizung.
• Eine tägliche Dusche aus der Sprühflasche macht nicht nur müde Pflanzen, sondern auch welkendes Gemüse oder Obst wieder taufrisch – zumindest hilft es einige Tage lang.
• Bei Blumen und Zweigen täglich die Stiele anschneiden und frisches Wasser geben!
• Vasen und andere Gefäße müssen absolut sauber sein. Vorsicht bei der Kombination von Schnittblumen und reifem Obst. Nicht in allen Fällen vertragen sie sich gut. Das Äthylengas, welches im Lauf des Reifungsprozesses gebildet wird, ist für manche Blumen schädlich. Vor allem Rosen und Nelken welken in der Nähe von reifem Obst schneller!
• Ein paar Tropfen Bleichmittel – beides schützt vor Bakterien.
Wenn Sie keine Lust zum Experimentieren haben – die im Handel befindlichen Mittel enthalten auf alle Fälle die richtige Mischung. Gebrauchsanweisung beachten!

Wie man Kränze und Girlanden reinigt und aufbewahrt

Gut, sie halten nicht ewig, vor allem dann nicht, wenn sie aus frischem Material hergestellt sind. Aber wenn man sich ein bißchen anstrengt, kann man ihre Lebensdauer beträchtlich erhöhen.
• Auf den richtigen Platz achten: Zu intensive Sonnenbestrahlung ist ebenso schädlich wie zuviel Feuchtigkeit – besonders dann, wenn der Kranz aus Trockenmaterial besteht.
• Kränze aus zartem getrocknetem Gut können vorsichtig mit einem Pinsel oder einer Feder abgestaubt werden. Etwas robustere Kränze halten es auch aus, wenn man sie mit dem Fön abstaubt. Achtung: Auf kalt stellen und mindestens einen halben Meter Abstand halten.
• Kränze und Ketten aus Nüssen, Samenständen oder Zapfen halten länger, wenn sie mit einer Schutzschicht aus Lack oder Haarspray eingesprüht werden.

Ein paar Dinge, die Sie zum Arrangieren Ihrer eßbaren Kunstwerke brauchen

Zwei Dinge sind kein Muß, aber überaus vielfältig zu gestalten und rund ums Jahr zu verwenden.
• Ein mehrarmiger Kerzenleuchter, nach Möglichkeit zum Aufhängen (gibt es in Deko- und Wohngeschäften ab 20,– bis 30,– DM).
• Eine Blumensäule mit Schale. Das Material spielt dabei keine Rolle. Wenn Sie nicht ohnehin eine im Hause haben, wählen Sie eine, die zu Ihrer Einrichtung paßt und möglichst erschwinglich ist.
• Einige ausgefallene Blumenvasen. Warum zum Beispiel nicht mal Gefäße aus der Natur? Ein leicht ausgehöhlter

Nicht unbedingt im Sinne der Naturschützer, aber einfach zu handhaben: Kranz aus Steckmasse.

Kürbis, eine Melone, ein paar Paprikaschoten, Zitrusfrüchte oder ein Kohlkopf, in dessen Mitte ein Wasserglas verborgen ist. Wunderschön: ein einfaches Gefäß, das mit Polstermoos umwickelt wird (das Moos mit Bast zusammenbinden, dann hält's).

Außerdem brauchen Sie an Material:
Kranzunterlagen gibt es in allen Größen, Formen, Materialien fertig zu kaufen: aus Schaumstoff, Stroh, Heu und Bast, aus Moos, Pappmaché, Draht und Kunststoff, aus Weinranken, Birken, Haselnußgerten und Glyzinen. Im Interesse der Umwelt sollten Sie nach Möglichkeit Basisgestelle aus Naturmaterial verwenden.
Wenn Sie einen Kranz aus frischen Blüten winden wollen, empfiehlt sich ein Drahtgestell. Solche gibt es im Bastlergeschäft zu kaufen und können mit feuchtem Moos und Blumendraht umwickelt immer wieder verwendet werden. Das Moos sollte einige Stunden vorher eingeweicht werden. Dann lassen sich die Stiele der Blüten und Zweige gut durch das Moos stecken, und der Kranz bleibt lange frisch. Noch viel schöner als das übliche graue Sphagnum-Moos ist grünes Teppichmoos. Es ist samtiger und dekorativer. Das darf man dann ruhig auch im Kranz durchscheinen sehen!

Kranzgestelle, selbstgemacht

Wer mag, kann seine Kranzunterlage auch selber basteln. Das hat den Vorteil, daß man die Größe des gewünschten Kranzes selbst bestimmen kann und nicht von vorgegebenen Maßen abhängig ist. Es gibt verschiedene Möglichkeiten:

Aus Heu oder Stroh

Sie brauchen Stroh, starken Draht, (übrigens: ein Kleiderbügel tut's auch, die Stärke ist gerade richtig), und eine Rolle Blumendraht. Biegen Sie den Draht zu einem Kreis der gewünschten Größe. Legen Sie ein paar Hände Stroh kreisförmig um den Draht und halten Sie das Stroh mit einer Hand gegen den Drahtring und umwickeln Sie ihn mit dem Blumendraht. Achten Sie darauf, daß die Strohschicht überall annähernd gleich dick ist. Anstelle von Stroh können Sie auch mal die Hüllen von Maiskolben verwenden. Sieht wunderschön und sehr natürlich aus.

Aus Ruten and Ranken

Sammeln Sie die biegsamen Zweige von Hasel, Weide, Birke, Wildem oder Echtem Wein, Kiwi, Glyzinen oder Jelängerjelieber – was auch immer sie finden können. Hauptsache, die Triebe sind lang – unter 1,50 m reicht nicht – und biegsam. Wenn Sie keine so langen Triebe kriegen können, müssen Sie mehrere kurze aneinander binden und sie so lange biegen, bis sie sich zum Kreis schließen. Am besten, Sie verwenden frische Zweige, die spalten nicht so schnell. Wenn die Zweige schon sehr trocken sind, hilft es, wenn Sie sie eine Weile in Wasser einweichen, dann werden sie wieder biegsam. Formen Sie daraus einen Ring und binden sie die überlappenden Enden mit Wickeldraht zusammen. Am gleichmäßigsten wird der Kranz, wenn Sie zunächst aus nur einem Trieb einen Kreis binden und erst dann eine zweite und möglicherweise noch eine dritte und vierte Rute hineinwinden, so lange, bis der Kranz die gewünschte Stärke hat. Keine Angst, es dürfen ruhig Lücken entstehen, Rutenkränze sind gerade deswegen besonders schön, weil sie natürlich aussehen.

Natürlich können Sie Ihre Kranzgestelle auch selber basteln. Aber in den Bastelläden und Blumengeschäften gibt es Unterlagen in allen Größen, Formen und Materialien so günstig, daß sich die Mühe oft kaum lohnt (oben und links). Bei allen Arrangements ist es ganz wichtig, daß sie außer Gemüsen, Früchten und Kräutern auch reichlich Blattwerk verwenden. Die Natur macht's schließlich genauso!

Aus Bast

Kaufen Sie einige Stränge Bast, binden Sie das obere Ende zusammen und flechten Sie daraus einen dicken Zopf. Die beiden Ende werden miteinander verbunden und mit Bast umwickelt. Geeignet für Blumenzöpfe, als Unterlage für Girlanden oder als Gestell für Trockenblumen.

Aus Draht und Moos

Nehmen Sie einen ca. 30 cm breiten Maschendraht – so lang, wie der Kranz Durchmesser haben soll, füllen Sie den Draht gleichmäßig mit Spaghnum-Moos, soviel, bis die gewünschte Dicke erreicht ist. Optimal sind 5 bis 10 cm .

Rollen Sie den Draht auf und binden Sie die Enden sorgsam mit Draht zusammen. Am besten Wickeldraht am Ende der Rolle befestigen und die Drahtenden miteinander verbinden. Dann jeweils um den Kranz wickeln. So hält's mit Sicherheit!

Mit Steckmasse gefüllter Reis- oder Kuchenring
Ideal für frische Tischkränze. Steckmasse vom Block in passende Stücke schneiden und in die Küchenform einlegen. Ein paar Zentimeter über den Rand herausragen lassen, damit man die Blüten und Zweige zur Seite stekken und den Gefäßrand überdecken kann.

Übrigens ...
Faustregel für Kränze: Die innere Öffnung eines Kranzes sollte nicht kleiner sein, als der Kranz dick ist! Am besten sogar eineinhalb- bis zweimal so groß.

Kranzgestelle auf Moos-Basis
Feuchtes Moos ist ideal für einen Kranz aus frischen Blumen. Das Sphagnum-Moos einige Stunden lang in Wasser einweichen, dann das überschüssige Wasser ausdrücken. Vorsicht: den Kranz nicht zu dick machen, sonst wird er unproportional. Schließlich sollen ja auch noch Blumen, Zweige, Früchte usw. darauf Platz haben!

Wie man einen Kranz sachgemäß aufhängt
Steckdraht so biegen, daß in der Mitte eine Öse bleibt, und die Enden des Drahtes durch die Rückseite der Kranzunterlage stecken. Die Enden wegbiegen.

Bastel-Zubehör
Kranzunterlagen (siehe oben), Bindedraht, Wickeldraht, Steckdraht, Floristentape, U-förmige Steckklammern (wie Haarnadeln), Zange, Blumen- bzw. Baumschere, Kleber

Wer gerne bastelt, sollte sich eine Klebepistole anschaffen, die es schon für um die 20,– DM zu kaufen gibt. Klebepistolen machen die Arbeit zum Vergnügen, das Ergebnis haltbarer, sind ungefährlich – der Klebstoff in der Pistole wird zwar so warm, daß er schmilzt, aber nie so heiß, daß es zu ernsteren Verbrennungen kommen kann.

Tips:
- Immer Zeitungspapier unterlegen!
- Vorher die Oberfläche des Kranzgestells testen, um sicherzustellen, daß sie nicht schmilzt. Wichtig bei Schaumstoff oder Styropor. Falls die Oberfläche verbrennt, erst mit Moos oder einem Band umwickeln. Keine Angst, auf der Strohunterlage hält der Klebstoff, und nichts verbrennt.

Übrigens ...
Die spinnwebartigen Klebstoffspuren an Ihrem Kranz lassen sich, wenn Sie fertig sind, mühelos entfernen! Einfach abziehen!

Bei Kränzen aus Styropor, Kunststoff und bei solchen, bei denen die Unterlage zu sehen ist, etwa bei Kränzen aus echten Blumen, empfiehlt es sich, eine Unterlage aus Moos zu verwenden, oder aber ein hübsches Band bzw. farblich passendes Kreppapier um die Unterlage zu wickeln. Das sieht hübsch aus und verdeckt die Schwachstellen!

So wird' s gemacht: ein paar Worte zur Technik

So bindet man einen Kranz aus Immergrün, Kräutern, Zweigen
Sie benötigen: ein Basisgestell Ihrer Wahl, Bindedraht, eine Klebepistole und/oder Steckdraht, etwas grünes Floristentape, um den Steckdraht damit zu umwickeln und natürlich jede Menge Zweige, Kräuter oder was

auch immer Sie für den Kranz ausgewählt haben. Übrigens: Notfalls tun es auch getrocknete Kräuter, aber frische sind biegsamer und lassen sich viel leichter verarbeiten!
Zweige zurechtschneiden, ideal für einen kompakten, durchschnittlich großen Kranz (Durchmesser 35 cm) sind 8-10 cm lange Zweige. Beim Binden führt die rechte Hand die Drahtrolle von innen nach außen.
Die Zweige immer zu einem Büschel zusammenfassen, dieses auf den Kranz legen und zweimal mit Bindedraht umwickeln. Die Zweige des ersten Büschels sollten etwas länger sein, damit man am Ende die des letzten darunter verstecken kann.
Wenn der Kranz zu dünn ist, eine zweite und dritte Schicht aufbinden, und zwar jeweils außen, innen und in der Mitte.
Abschluß: Den Draht keinesfalls über die Anfangszweige wickeln. Man hebt sie hoch und schiebt die des letzten Büschels vorsichtig darunter – so lange, bis die Lücke zwischen Anfang und Ende gefüllt ist. Etwas überstehenden Binddedraht abschneiden und im Kranz verstecken. Zum Schluß den Kranz in Form biegen.

So bindet man Girlanden
Girlanden zu binden scheint viel komplizierter, als es in Wirklichkeit ist. Im Prinzip ist die Bindetechnik ähnlich wie bei einem Kranz. Sie benötigen: eine Kordel in der Länge der gewünschten Girlande, eine Rolle Bindedraht, Steckdraht mit Floristentape oder eine Klebepistole, frisches oder getrocknetes Bindematerial – was auch immer Ihnen gefällt, schön duftet und farblich harmoniert. Zweige wie beim Kranz einzeln oder zu Büscheln gebunden, aber immer in der gleichen Richtung an die Kordel binden und mit Bindedraht fest umwikkeln. Jeweils den Kopf des nächsten Büschels auf den Stiel des vorherigen binden. Vermeiden Sie den typischen Anfängerfehler, anfangs zu großzügig mit dem Material umzugehen, sonst wird Ihre Girlande gegen Ende hin immer dünner! Und: Drehen Sie die Girlande beim Binden immer wieder, so daß Sie nicht eine attraktive Vorderseite und eine weniger attraktive Rückseite haben, sondern sich die Pflanzen wie eine Spirale gleichmäßig um die Kordel winden. Gleichgültig, ob Sie die Girlande an einer Tür befestigen, um eine Säule wickeln, an eine Wand hängen oder bogenförmig an die Vorderseite eines Tisches hängen – ganz wichtig sind ausreichend starke Haken aus gebogenem Draht. Wenn Sie wollen, können Sie sie mit einer dekorativen Schleife verhüllen.

So bindet man einen Strauß
Sie benötigen: Zweige, Beeren, Früchte und Gemüsesorten zum Andrahten, Steckdraht, Floristentape und Bindedraht.
Sie haben zwei Möglichkeiten: Ihren Strauß entweder rund zu binden oder als flaches Bukett. Beim **runden Strauß** beginnen Sie mit der Blume oder der angedrahteten Frucht, die im Mittelpunkt stehen soll. Fügen Sie die anderen Zweige, angedrahteten Früchte oder was auch immer zum Strauß zusammengefügt werden soll nach und nach hinzu – entweder streng spiralförmig oder ganz locker "nach Gefühl". Binden Sie aber in jedem Fall reichlich Blattgrün dazwischen. Das gibt Ihrem Strauß Leben und Fülle. Die Natur macht's schließlich genauso.

So binden Sie ein Bukett
Dies ist die Bindeanleitung für ein **flaches Bukett**, das in der Regel nicht in eine Vase gestellt, sondern als liegender Tischschmuck verwendet wird – und ruhig eintrocknen darf.

Buketts werden meist fächerförmig und stufenförmig gebunden. Beginnen Sie mit den drei längsten Zweigen (oder Blättern) und ordnen Sie in ihrer Mitte zunächst 1 bis 2 Blüten-, Beeren- oder Fruchtzweige so an, daß sie etwas kürzer sind als die erste Reihe. Fügen Sie auf diese Weise weitere Reihen hinzu, die immer etwas kürzer sind als die vorhergehende. Achten Sie darauf, daß das Bukett seine flache, fächerförmige Form behält! An der Stelle, wo sich die Stiele kreuzen, binden Sie das Bukett mit einer farblich passenden Schleife zusammen.

Tricks von Profis

Hier zeige ich Ihnen zwei klassische Techniken, mit denen Floristen häufig arbeiten: Andrahten und Schleifen binden.

Andrahten
Manchmal ist es wichtig, Früchte, Beeren, Blumen, Zweige und Dekorationsartikel anzudrahten, z. B. um:
• Blumen, die von Haus aus auf „schwachen Füßen" oder Stengeln stehen, zu stützen. Das erreichen Sie, indem Sie einen Stützdraht von unten in die hohlen Stiele einführen;

• Blüten und Blätter in eine bestimmte Form zu bringen;
• Blätter und Blüten zu verlängern. Zarte, kurze Blüten und Blätter können Sie mühelos in einen längeren Strauß integrieren, wenn Sie sie an Steckdraht anlehnen, mit zartem feinen Draht umwickeln und mit grünem Blumentape umwickeln;
• Blüten mit abgebrochenem Stiel zu retten. Schieben Sie einen Steckdraht (auf passende Länge achten) vorsichtig in das unverletzte Ende des Stiels und umwickeln Sie das Ganze mit Blumenband. In unserem Fall natürlich am allerwichtigsten: Um Früchte und Gemüse, die einen viel zu kurzen Stiel haben, möglichst dekorativ zur Geltung zu bringen. Je nachdem, wie schwer die Frucht ist, müssen Sie einen möglichst stabilen Steckdraht vorsichtig in das Fruchtfleisch einführen. Falls Sie Bedenken haben, daß die Frucht durch den Draht ungenießbar weden könnte: Holzspieße, z. B. Schaschlikspieße tun´s auch, allerdings halten sie nicht so gut. Insbesondere schwere Teile haben die fatale Neigung abzurutschen, wenn sie erst mal in der Senkrechten stehen.

So drahten Sie Früchte, Zapfen und Samenstände an
Büschel von Laub oder Blüten, Früchte und Zapfen etc. müssen angedrahtet werden, damit sie auf einem Kranz oder einer Girlande befestigt werden können. So geht´s:
• Weiche Früchte und Gemüse (Äpfel, Birnen, Kirschen, Zitronen, Granatäpfel, Kürbis, Minikohl etc: Draht im unteren Viertel quer durch die Frucht schieben und die beiden Enden unten zusammendrehen.
• Einen zweiten Draht im rechten Winkel zum ersten durch die Frucht schieben und ebenfalls zusammendrehen. Schließlich die beiden Drahtenden miteinander verdrehen.

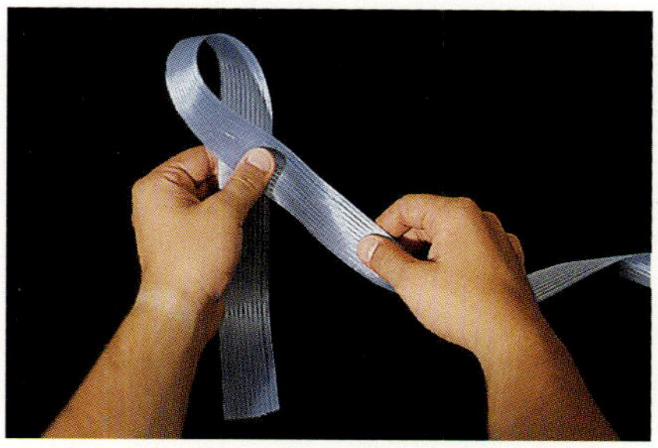

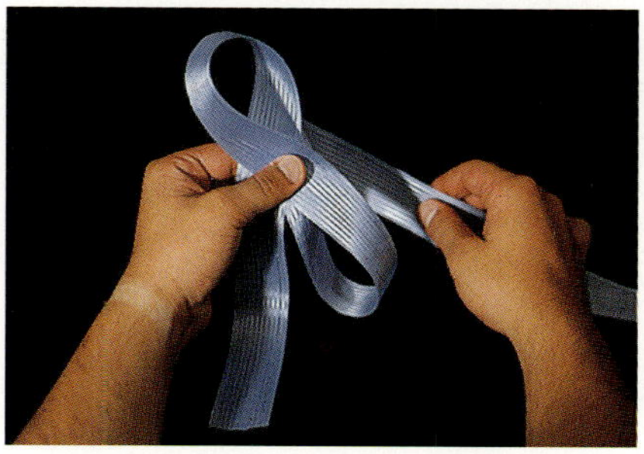

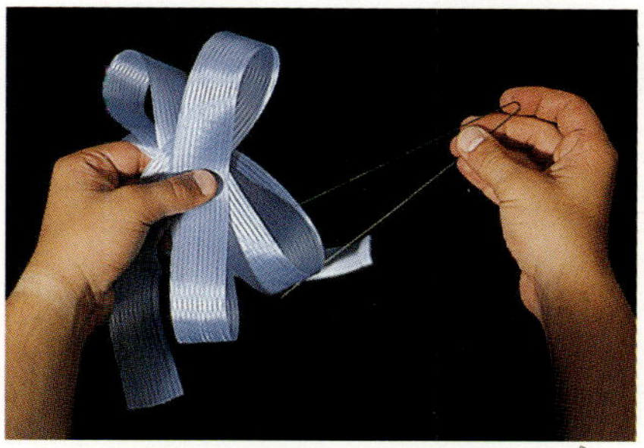

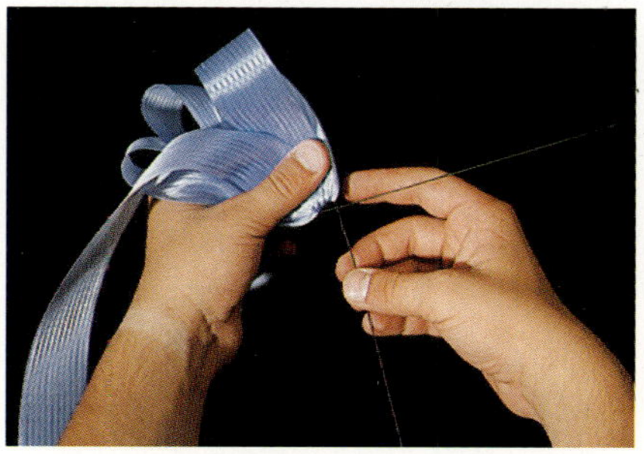

• Zapfen: Draht soweit unten wie möglich um den Zapfen herumführen, überstehendes Stück Draht um das untere Ende des Drahtes wickeln.
• Samenstände ohne Stiel: Das obere Drahtende zu einer kleinen Öse binden, Fruchtstand mit Kleber befestigen.
• Samenstände mit kurzem Stiel: Steckdraht dicht an den Stiel halten, beides fest mit Floristentape umwickeln.

So binden Sie eine Schleife
Schleifen passen zu vielen Arten von Sträußen – vorausgesetzt, sie sind kunstvoll gebunden. Das sieht allerdings viel leichter aus, als es ist. Wenn es Ihnen bisher nie recht gelungen ist, versuchen Sie es doch mal auf diese Art:
Legen Sie ein Band in Form einer Acht. Halten Sie die Acht mit zwei Fingern der linken Hand fest und legen Sie darüber eine zweite Acht. Dann nehmen Sie den Mittelpunkt der zwei Achter-Schlaufen zwischen Daumen und Zeigefinger der linken Hand, umwickeln die Schnittstelle mit einem Stück Draht, machen sicherheitshalber einen Knoten und zwicken den überflüssigen Draht ab. Schneiden Sie die Enden des Bandes auf gleiche Länge schräg an und zupfen Sie die Schleife in Form. Diese Schleife befestigen Sie nun auf einem Steckdraht – oder Sie verzieren damit einen fertig gebundenen Strauß.

So hängt man einen Tür- oder Wandkranz auf
Wenn Sie Ihren fertigen Kranz nicht einfach lieblos auf einen Nagel spießen wollen: Versuchen Sie es doch einmal mit einem Band oder einer Kordel, die Sie mit Stecknadel oder Zwicker so zusammenfassen, daß die Bindestelle unsichtbar hinter dem Kranz liegt. Schön sieht es aus, wenn das Band doppelt genommen und durch einen Holzring gezogen wird.

Traumhaft schöner Raumschmuck – späterer Verzehr nicht ausgeschlossen

Sagen Sie nie, für die kulinarischen Kunstwerke auf den folgenden Seiten sei Ihre Wohnung zu klein. Oder Ihr Geldbeutel, oder Ihr Talent. Denn außer der Grundausstattung – ein schlichter Leuchter, eine einfache Schale und ein wenig Phantasie – brauchen Sie nichts weiter als einen Blick für die Sonderangebote auf dem Wochenmarkt.

Der Frühling kann kommen!

Ein wenig aufwendiger als der Herbstleuchter, aber auch nicht viel schwieriger, ist die Dekoration, mit der Sie den Winter aus Ihrer Wohnung vertreiben werden – garantiert! Zwischen Anfang Januar und Anfang März gibt es auf den Obstmärkten kistenweise und im Sonderangebot Mandarinen, die mitsamt den Blättern vom Baum gepflückt wurden. Und damit steht dem Versuch, den Herbstleuchter auf der Seite 22f., aus dem inzwischen möglicherweise sogar ein Weihnachtsleuchter mit Tannenzweigen, Äpfeln und Nüssen geworden ist, auf Vorfrühling umzurüsten.

Sie benötigen:

Zubehör
Kerzenleuchter zum Aufhängen, Wickeldraht von der Rolle, zitronengelbe oder hellgrüne Kerzen

Früchte
Mandarinen mit Blättern, 5 Zitronen mit Blättern, 5 Limonen mit Blättern, 5 kleine Büschel Kumquat mit Blättern, ersatzweise Zwergorangen

Beiwerk
Laub vom Zitronenbaum, ersatzweise Salallblätter

So wird's gemacht:

Was so kunstvoll aussieht, geht ganz einfach und recht schnell: Fassen Sie ein bis zwei Mandarinen samt Stiel und einer großzügigen Portion Blattgrün zu einem Büschel zusammen und binden Sie diese Büschel ringförmig mit Wickeldraht um den Leuchter. Die Technik ist die gleiche wie beim Kranzbinden (siehe Seite 13). Auf den Stielen des ersten Büschels ruhen dann die Früchte und Blätter des nächsten usw.. Mischen Sie ab und zu eine sonnengelbe Zitrone, ein paar kleine Kumquats oder eine grüne Limone unter die Mandarinen, das macht das Ganze noch frühlingshafter und lebendiger. Der Kranz sieht übrigens auch dann noch schön aus, wenn die Blätter eingetrocknet sind.

Übrigens ...
Wenn Sie auf den Geschmack gekommen sind, können Sie Ihren Leuchter im Herbst auch mit roten Äpfeln – samt Stiel und Blättern – dekorieren; im Sommer mit Kirschen, frisch vom Baum.

Sie brauchen nicht viel Geschick, um diesen Leuchter wie gezeigt zu schmücken. Und kostspielig ist das Wunderwerk auch nicht: Sie benötigen kaum mehr als eine Kiste Mandarinen und eine Rolle Draht.

Der Herbst in seiner Fülle

Alle Schönheit, der ganze Reichtum, die gesamte Farbenpracht dieser leuchtenden Jahreszeit ist hier in einer Schale vereint. Schöner kann man das Erntedankfest nicht feiern!

Sie benötigen:

Zubehör
Flache Schale, nach Möglichkeit auf einer Säule, Steckmasse, Waldmoos zum Abdecken, Steckdraht.

Früchte und Gemüse
Peperoncini, Trauben, Äpfel, Wirsing, Minisquash, Rotkohl, mini, eßbar (auch Zierrotkohl), Paprika, mini, Pfefferschoten, orange und rot, Ananas (ein Fremdkörper, zugegeben im ansonsten heimatlichen Sortiment, aber sehr dekorativ!), oder ausgewachsener („geschossener" Salat), Blumenkohl, mini.

Beiwerk
Viburnum tinus (Vorsicht, giftig!) oder anderes Blattgrün mit Beeren, Brombeerranken, Ranken vom Wilden Wein, Blutpflaume oder anderes rotes Laub.

So wird's gemacht:

Füllen Sie eine nicht zu hohe Schale mit gut durchfeuchteter Steckmasse, und zwar so, daß die Höhe der Masse vom vorderen Rand der Schale nach hinten kontinuierlich zunimmt und schließlich den hinteren Rand um einige Zentimeter überragt. Decken Sie die Steckmasse mit einer Schicht Moos ab. Drahten Sie die verschiedenen kleinen Kohlköpfe, die Ananas, Äpfel, Trauben und die zu kleinen Büscheln zusammengefaßten gelben und roten Peperoncini und Pfefferschoten sorgfältig an und arrangieren Sie sie „in Etagen" so, daß die Schale – ebenfalls von vorn nach hinten – an Höhe gewinnt. Über allem thront schließlich die Ananas. Den äußeren Rand der Schale füllen Sie großzügig mit Wirsingblättern, Weinranken, Beerenranken und leuchtend buntem Herbstlaub, und zwar so, daß die Ranken weit über den Rand der Schale hinausschwingen. Wunderschön sieht es aus, wenn Sie einige besonders schön geformte Trauben so mit Draht verankern, daß sie ebenfalls über den Rand der Schale hinaushängen. Wenn Sie die Pracht gelegentlich ansprühen und die Wirsingblätter bisweilen austauschen, hält sich das Arrangement gut und gern zwei Wochen lang.

Übrigens ...
Den grünen Schopf der Ananas abschneiden (2-3 cm Fruchtfleisch dranlassen) und in einen Topf mit sandiger Erde (halb Sand, halb Blumenerde) pflanzen, das Fruchtfleisch sollte mit Erde bedeckt sein. Erde feucht halten. Auf diese Weise bekommen Sie zwar keine eigene Ananas – aber zumindest eine kräftige und sehr dekorative Grünpflanze für Ihre Fensterbank!

An diesem Herbstarrangement haben Sie lange Freude, wenn Sie Obst und Blätter gelegentlich ansprühen und die Ranken von Brombeere und Wildem Wein ab und zu austauschen. Nachschub gibt's in der Natur genug!

Herbstlich geschmückter Kerzenleuchter

Springen Sie einmal über Ihren Schatten und schaffen Sie sich einen von diesen mehrarmigen Kerzenleuchtern an, die es neuerdings überall für wenig Geld zu kaufen gibt. Über dem Eßtisch hängend, machen sie auch das schlichteste Abendbrot zum Candlelight-Dinner. Was die Dekoration betrifft – da sind Ihrer Phantasie keine Grenzen gesetzt.

Sie benötigen:

Zubehör
Kerzenleuchter zum Aufhängen
terrakottafarbene Kerzen

Blattwerk
Hopfenranken, Ranken vom Wilden und vom Echten Wein

Früchte
Trauben vom Wilden Wein, einige kleine blaue Trauben

So wird's gemacht:

Leichter und preiswerter geht's wirklich nicht: Winden Sie die Ranken von Wein, Hopfen und Efeu großzügig um den Leuchter, drahten Sie einige kleine Trauben an und befestigen Sie sie an den unteren Streben des Kerzenleuchters. In diesem Fall dürfen Sie sogar ausnahmsweise unechte kleine Trauben verwenden. Dann haben Sie an ihrem Leuchter sogar monatelang Freude, denn Hopfenranken und Weinlaub sehen auch trocken wunderschön aus. Bei den Kerzen sollten Sie ausnahmsweise einmal nicht sparen: Am schönsten sind terrakottafarbene – in den warmen Farben des Herbstlaubs!

Oben: Der Herbstschmuck hält einige Monate. Daher dürfen die Trauben ausnahmsweise unecht sein. Unten: Die warmen Farben des Wilden Weins bringen das Arrangement auch ohne Kerzenlicht zum Leuchten.

Exotische Gaumenfreuden – nicht nur zum Anschauen

Kochen Sie gern exotisch für Ihre Gäste? Dann brauchen Sie gewiß auch ein raffiniertes Gesteck für den Tisch. Artischocken, Bananen, Zitronen, Kiwi, Baby-Ananas und kleine Litschis bieten eine hübsche Formenvielfalt. Strelitzienblüten runden das Gesteck ab. Zur Verstärkung des exotischen Eindrucks werden Bast, Kokosfasern und verschiedene Blätter tropischer Zimmerpflanzen eingearbeitet. Dieses Gesteck wirkt gut auf einem Buffet.

So wird's gemacht:

Zunächst werden die Früchte gedrahtet, damit man sie im Gesteck befestigen kann. Bei ovalen Zitronen und Kiwis sollte man einmal quer und einmal längs den Draht hindurchstecken. Die Bananen werden am Stielende mit einem Draht gehalten. Da die Litschischale sehr hart ist, umwickelt man die Früchte mit Naturbast und knotet sie später an Bambusstäben an. Nun werden die Bambusstäbe mit Bast zusammengebunden, so daß eine Unterlage entsteht. Am besten zwei kürzere Bündel machen. Je zwei an den Enden zusammenbinden, daß sie sich öffnen. Anschließend zu einer Raute zusammenlegen und aneinander binden. Die Mitte wird mit Jutestoff ausdrapiert und mit Knöterichranken beflochten. Von den spitzen Enden zur Mitte hin werden die Früchte arrangiert. Crotonlaub, Palmwedel sowie Aralien- und Cycasblätter werden dazwischen gesteckt. Die Strelitzienblüten werden herumgelegt und befestigt. Jutestücke und locker geflochtene Knöterichranken umspielen die Früchte.

Sie benötigen:

Blüten und Früchte
Strelitzienblüten, Artischocken, Zitronen, Ananas, Kiwi, Litschi, Bananen

Beiwerk
Bambusstäbe, Knöterichranken, Strelitzienblätter, Krotonblätter, Cycasblatt, Aralienblatt, Stoff, Bast

Tischschmuck zum Mitessen

Mit dem Blumenschmuck für die kleine oder größere Einladung ist das so eine Sache: Zum Menü soll er passen, zum Geschirr und zum Tischtuch. Er darf nicht viel Platz beanspruchen und nach Möglichkeit auch nicht viel kosten. Ideen müßte man haben?!

Der Clou für jede Käseplatte: Radicchiokranz – Naschen ist ausdrücklich erlaubt!

Wenn Sie diesen Radicchiokranz, mit blauen Trauben verziert, auf den Tisch stellen, kann es leicht geschehen, daß Ihre Gäste vor Bewunderung kaum noch auf die Käsesorten achten!

Sie benötigen:

Zubehör
Kranzgestell aus Pappmaché oder Stroh
U-förmige Drahtklammern

Früchte und Salat
zwei große Köpfe Radicchio rosso, möglichst rot
dunkelblaue Trauben

So wird's gemacht:

Die Blätter vorsichtig vom Radicchio lösen und mit den U-Klammern am Kranzgestell befestigen. Dabei können Sie die Blätter einander ruhig überlappen lassen, damit keine kahlen Stellen entstehen. Achten Sie darauf, daß die manchmal etwas sperrigen Blätter bzw. Blatteile keine Beulen im Kranz entstehen lassen. Den fertigen Kranz dekorieren Sie dann großzügig mit Büscheln von blauen Trauben, die Sie mit Klammern am Kranz feststecken.

Tip: Den Kranz erst am Tag der Einladung winden – der Radicchio ermüdet schnell! Die Trauben vor dem Servieren anstecken – dann können Sie den Kranz vorher noch einmal mit Wasser aus der Sprühflasche einsprühen, damit er frisch und knackig aussieht. Etwas länger hält der Kranz, wenn Sie den Radicchio auf einer Unterlage aus gut durchfeuchtetem Steckmoos befestigen.

Übrigens ...
Anstelle von Radicchio können Sie im Herbst auch roten Zierkohl verwenden (Zu anderen Jahreszeiten ist er nur schwer aufzutreiben). Zierkohl sieht etwas gefälliger aus und läßt sich auch leichter verarbeiten. Aber dafür ist er natürlich auch nicht ganz echt!

Achten Sie beim Radicchiokranz darauf, daß Sie rote Salatblätter verwenden. Sie sind biegsamer als die harten weißen Teile und lassen sich leichter verarbeiten.

Zuckerrohr und Zitronengras: eine Prise Südostasien

Von schlichter Schönheit ist dieser Tischschmuck aus Zuckerrohrstangen, der sich lange Zeit in immer neuen Varianten verwenden läßt.

Sie benötigen:

Früchte und Gewürze
3 Zuckerrohrstangen, 1 Bündel Zitronengras

Zubehör
Naturbast zum Binden, eine Orchideenblüte

Sie haben zum Thai-Essen eingeladen und überraschen ihre Gäste mit wunderbaren Rezepten. Nur an der Tischdekoration hapert's? Dieses kleine exotische Gebinde läßt sich in wenigen Minuten zusammenstellen. Vielleicht haben Sie ein wenig Mühe, die Zuckerrohrstangen zu finden. Wenn Sie irgendwann irgendwo welche entdekken – auf großen Obst- und Gemüsemärkten oder im Asien-Laden – schlagen Sie zu. Zuckerrohrstangen sind fast unbegrenzt haltbar!

Weiße Orchideenblüten sind die perfekte Ergänzung für dieses kleine Arrangement. Aber auch weiße Lilien, Rosen oder Chrysanthemen, sparsamst verwendet, sind sehr wirkungsvoll.

So wird's gemacht:

Zuckerrohrstangen arrangieren, Zitronengras bündeln (eine der Stangen am verdickten Ende mit dem Hammer leicht flachklopfen, dann duftet es wunderschön nach Zitronen), schräg auf die Zuckerrohrstangen legen und das Ganze mit Naturbast zusammenbinden. Die Bastschleife mit einer einzelnen weißen Orchideenblüte krönen! Und schon ist ein kleines Kunstwerk fertig!

Übrigens ...
Orchideenblüten gibt es meist zumehreren an einer Rispe (am erschwinglichsten sind in der Regel Cymbidien). Wenn Sie eine flache wassergefüllte Schale mit Schwimmkerzen und den restlichen Orchideenblüten auf den Tisch stellen, ist Ihr Arrangement perfekt.

Bringt Sonnenschein auf jeden Tisch: Kürbiskorb mit Calendula

Im Herbst die ersten goldgelben Kürbisse und die letzten leuchtend orangefarbenen Ringelblumen. Im Frühling die letzten orangefarbenen Kürbisse und die ersten goldgelben Ringelblumen: zusammen zaubern die beiden Sonnenpflanzen Heiterkeit und gute Laune an jeden Tisch.

So wird's gemacht:

Schneiden Sie den Kürbis in der Mitte quer durch, entfernen Sie bei einer Hälfte die Kerne und setzen Sie stattdessen die Ananas in die Mitte. Bohren Sie nun ringsum vorsichtig einige Löcher in das Fruchtfleisch und stecken Sie kurze, dicke Ringelblumen gerade und auch schräg hinein. Bei der anderen Hälfte können Sie das Ganze entweder wiederholen, oder aber Sie lassen die Kerne drin und stecken nur eine einzelne Blüte in das Fruchtfleisch. Einfacher und wirkungsvoller geht es nicht!

Sie benötigen:

1 kleiner Muskatkürbis
eine Handvoll Ringelblumen
1 Zwergananas

Tip: Damit die Ringelblumen genügend Wasser bekommen, sollten sie nachts in einer Wasserschüssel schwimmen dürfen. So sattgetrunken, überstehen sie den Tag im nur leicht feuchten Kürbis ohne Probleme.

Übrigens ...
Selbstgemachte Ringelblumensalbe
Aus 100 g Ringelblumenblütenblättern und ein wenig Wasser einen starken Tee zubereiten, 20 Minuten einkochen lassen, bis ein kräftiger Sud entsteht.
Für ca. 100 ml Flüssigkeit:
25 g Bienenwachs schmelzen und mit dem Konzentrat verrühren. Nochmals 25 g frische Blütenblätter hinzufügen und 10 Minuten unter Rühren leicht köcheln lassen. Durch ein feines Tuch sieben und in ein sauberes, verschließbares Gefäß abfüllen. Hilft bei rauher, rissiger Haut. Geben Sie einen Tropfen Myrrhetinktur hinzu, das verlängert die Haltbarkeit.

Idealer Tischschmuck – Kürbisse. Falls Sie einen großen Kürbis haben und sich von einer Hälfte trennen können: gefüllt mit bunten Herbstblumen ist er ein Raumschmuck, um den Sie jeder beneiden wird.

Wenn Sie zum Winter-Eintopf bitten: Knoblauch-Bukett gegen Vampire!

So wird's gemacht:

Binden Sie aus ein bis zwei Grünkohlblättern, den auf lange Holzspieße gesteckten Knoblauchzwiebeln und Paprika-Tulpen ein flaches Bukett.
Die Schnittstelle, an der die Holzspieße einander überkreuzen, verdecken Sie geschickt mit Lorbeerzweigen und abschließend einer dicken roten Zwiebel. Diese steckt auf einem grün bemalten oder mit grünem Floristentape umwickelten Zahnstocher.
Binden Sie zum Schluß alles mit einer breiten roten Schleife zusammen (oder einer anderen Farbe, die zu Ihrem Tischtuch und Ihren Servietten paßt) – und lassen Sie sich von Ihren Gästen für Ihren Einfallsreichtum bewundern!

Hätten Sie gedacht, daß Kohl und Knoblauch nicht nur im Topf, sondern auch auf dem Tischtuch aufs schönste miteinander harmonieren? Bei einem so appetitlichen Tischschmuck vergeht höchstens Vampiren der Hunger...

Sie benötigen:

Gemüse
1-2 große Blatt Grünkohl
2-3 Knoblauchknollen
4-5 leuchtend rote Minipaprikas (sehen aus wie Tulpen) oder ein kleiner Bund Chilischoten
1 dicke rote Zwiebel oder
1 Mini-Rotkohl
einige Zweiglein Lorbeer

Zubehör
Steckdraht oder Schaschlikspieße aus Holz
rotes Band
grünes Floristentape

Übrigens ...
Knoblauch vertreibt nicht nur Vampire! Wenn Sie sich jeden Sommer schwarz ärgern über die Blattläuse, die sich so unbarmherzig über Ihre Rosen hermachen: erfahrene Gärtner schwören auf Knoblauch. Rings um die Rosenbüsche gepflanzt, treiben sie die gefräßigen kleinen Blattsauger in die Flucht!

Wenn Sie vorhaben, die angedrahteten Früchte und Gemüsesorten später aufzuessen, empfiehlt es sich, anstelle des Steckdrahtes hölzerne Schaschlikspieße zu verwenden. Wenn Sie die Hölzer optisch stören: mit grünem Floristentape umwickelt, sind sie fast unsichtbar.

Advent: Es muß nicht immer ein Kranz mit Kerzen sein!

An diesem duftenden Gesteck haben Sie wochenlang Ihre Freude – und garantiert keinen Kerzenwachs auf dem Tischtuch!

Sie benötigen:

Blattwerk
Zweige von Kiefer, Tanne, Salall, Viburnum, möglichst mit Beeren und Buchs (oder was auch immer Sie auftreiben können, Hauptsache, Sie mischen Nadeln und immergrüne Blätter)

Früchte
6 Äpfel, Zimtstangen, Walnüsse, einige Scheiben getrocknete Orangen

Zubehör
Bindedraht, Steckdraht

So wird's gemacht:

Binden Sie aus den Zweigen ein flaches, möglichst rundes Bukett (die Schnittstelle liegt unter dem Kranz). Noch einfacher ist es, Sie verwenden einen Kranz aus Steckmoos, befeuchten ihn gründlich und füllen ihn großzügig mit langen Tannen- und Fichtenzweigen und etwas kürzeren Zweigen von Immergrün mit und ohne Beeren. In der Mitte arrangieren Sie angedrahtete Äpfel und Nüsse (schieben Sie einen dicken Steckdraht vorsichtig in die Öffnung auf der flachen Unterseite der Nuß). Zum Schluß befestigen Sie Zimtsangen und Orangenscheiben mit einem Tupfer Kleber auf den Zweigen.
Tip: Aufs dekorativste getrocknete und wunderschön duftende Orangenscheiben gibts in der Adventszeit in jeder Bastelabteilung oder beim Floristen. Wenn Sie allerdings absolut keine getrockneten Orangenscheiben auftreiben können, so trocknen Sie sie selbst: Orangen mit Schale in Scheiben schneiden und die Scheiben auf einem Backblech im Backofen bei niedriger Temperatur so lange trocknen lassen, bis sie hart sind.

Übrigens ...
Das Gesteck wirkt besonders festlich, wenn Sie die Zweige mit den dunkelgrünen Blättern durch ein wenig Glanz-Spray zum Leuchten bringen!

Es riecht so nach Äpfeln und Nüssen... und nach Tannenzweigen, Zimt und Zitronen: Dieses schlichte naturnahe Gesteck verströmt den Duft der Weihnachtszeit.

Kränze und Girlanden

Kränze und Girlanden sind seit jeher ein traditioneller Willkommensgruß für Gäste – nicht nur zur Adventszeit. Auch wenn Sie es nicht für möglich halten: Kränze und Girlanden selber zu winden, erfordert kein besonderes Talent. Selbst wenn es anfangs manchmal nicht so aussieht, am Ende sind sie allesamt wunderschön. (Das mit der richtigen Rundung kriegen Sie im Laufe der Zeit auch noch hin.)

Knabberkranz für kleine Naschkatzen

Bei diesem Kranz müssen Sie damit rechnen, daß er nicht lange überleben wird. Der Versuchung, ein bißchen daran zu knabbern, ein einziges Mal nur, kann man fast nicht widerstehen... (Zum Glück läßt er sich problemlos nachrüsten.)

Sie benötigen:

Strohkranz
Klebepistole
ein großer Beutel frische Erdnüsse
Efeuranke
Band zum Aufhängen

So wird's gemacht:

Die Herstellung dieses Kranzes ist wirklich kinderleicht, Sie müssen einfach nur die Erdnüsse mit der Klebepistole von außen nach innen auf den Strohkranz kleben. Achten Sie darauf, daß keine großen Zwischenräume entstehen. Falls der Kranz nach der ersten Runde ein wenig mickerig aussieht, kleben Sie einfach eine zweite oder dritte Runde drauf. Zum Schluß dekorieren Sie den fertigen Kranz mit einer Efeuranke und einem schönen Band. Wie Sie Ihr Werk am dekorativsten aufhängen, steht auf Seite 13 und 15.

Übrigens ...
Seien Sie großzügig beim Einkaufen der Erdnüsse. Die Schwundrate – bedingt durch den Heißhunger der Bastler während der Arbeit – ist enorm!!!

Wenn Sie sich an dem schlichten Erdnußkranz (rechts) sattgesehen haben, können Sie ihn immer wieder aufs neue umrüsten. Die Efeuranken (links) sind nur eine von vielen Möglichkeiten. Im Frühling kommen dann die Weidenkätzchen, später eine Ranke mit blühender Clematis oder auch ein paar Forsythienzweige.

Willkommen im Herbst!

Bei diesem wunderschönen Herbstkranz wollen wir ausnahmsweise einmal verschwenderisch sein. Die Natur ist es in dieser Jahreszeit ja auch, bevor sie sich – nach einem farbenprächtigen Finale – zum Winterschlaf zurückzieht. Sammeln Sie an Beeren, Wildfrüchten und buntem Laub, was die Natur unterwegs zu bieten hat. Klauben Sie vorsichtig hier ein paar Ranken Wilden Weins von der Hauswand, dort ein wenig Efeu – und dann machen Sie sich an die Arbeit –, die in diesem Fall nicht so sehr Arbeit als vielmehr reinstes Vergnügen ist!

Sie benötigen:

Pflanzen
Katzenschwanz, Wiesensalbei, ein Bund Moosröschen (oder die letzen Kletterrosen aus dem Garten), diverses Laub in warmen Herbstfarben, Buchs

Früchte und Beeren
Hopfen, Vogelbeeren, Zierquitten, Wildäpfel, Apfelrosen, Physalis-Früchte, Peperoni, orange und rot

Zubehör
Basiskranz aus Stroh, Wickeldraht, Klebepistole

So wird's gemacht:

Schneiden Sie alle Zutaten auf etwa die gleiche Länge, ideal zum Verarbeiten sind ca. 8-12 cm. Binden Sie dann kleine Blüten und Früchte (Peperoni) zu einem Büschel zusammen und verlängern Sie buntes Herbstlaub und Früchte und Beeren, deren Stiel zu kurz ist, mit einem Draht. Winden Sie nun alles Zubehör um ein Basisgestell (am besten eines aus Stroh). Achten Sie darauf, daß alle Pflanzen die Köpfe in die gleiche Richtung drehen. Wenn der Kranz überall schön gleichmäßig rund ist, bekommt er mit der Klebepistole den letzten Schliff: Apfelrosen, Physalisfrüchte, Hagebutten und Zierquitten werden einfach auf den Kranz aufgeklebt. Sie halten so fest, daß sie (meistens) selbst dann nicht herunterfallen, wenn der fertige Kranz in voller Schönheit an einer Tür hängt. Dieses Kunstwerk überdauert den gesamten Herbst und Winter und sieht selbst dann noch schön aus, wenn alle Zutaten eingetrocknet sind.
Tip: Zum Auffrischen ab und zu ein paar frische immergrüne Buchszweiglein in den Kranz stecken, oder, wenn Sie wollen, auch ein paar Moosröschen.

Mit diesem Prachtexemplar sollten Sie möglichst behutsam umgehen. Denn wenn er – in Schönheit – eingetrocknet ist, neigt er zum Bröseln. Ein wenig Haarspray sorgt für längere Haltbarkeit.

Fruchtketten

Ketten aus Beeren, Früchten und Nüssen sind schnell gemacht und geben einem langweiligen Fenster im Nu einen festlichen Charakter. Sammeln Sie, was immer Sie im Spätherbst oder frühen Winter an Beeren, Nüssen oder Kastanien finden können. Sie können auch Physalisfrüchte verwenden, die sehen besonders zart und transparent aus, Bucheckern, Wildäpfel, Zierquitten, Granatäpfel, Vogelbeeren, Maroni oder was immer Ihre Kinder nach Hause bringen. Sehr hübsch sind auch Ketten aus Litschis, aber die müssen Sie natürlich beim Obsthändler besorgen.

Sie benötigen:

Unsere drei Ketten bestehen aus: Hagebutten, Schlehen, Erdnüssen

Zubehör
Wickeldraht unterschiedlicher Dicke oder Gold- oder Silberfaden mit dicker Nadel; für hartnäckige Fälle (Hagebutten!) einen feinen Bohrer.

So wird's gemacht:

Früchte der Länge nach einfach auf den Draht bzw. auf den Faden auffädeln. Manchmal, so etwa bei harten Hagebutten, hilft es, mit einem dünnen Bohrer vorzubohren. Bei Schlehen darauf achten, daß Sie den Draht am Kern vorbeiführen. Oberes Drahtende zur Schlaufe umbiegen und die Ketten am Fenster – oder wo auch immer sie am besten zur Geltung kommen – aufhängen.

Fruchtketten sind eine wunderbare Dekoration – aber auch ein Riesenspaß für ein Kinderfest, besonders dann, wenn es im Garten noch nichts zu Naschen gibt. Hängen Sie Erdbeer-, Trauben- oder Nußketten an Bäume und Sträucher (notfalls auch an Ihre Balkonpflanzen) und fordern Sie die kleine Rasselbande zur Ernte auf.

Übrigens ... dieses Rezept für Schlehenlikör dürfen Sie nicht einmal Ihren besten Freunden verraten:
1 kg sehr reife Schlehen
1 l Weingeist, 96 %ig, aus der Apotheke,
250 g Zucker, 1 Vanilleschote
Früchte waschen und zusammen mit dem Weingeist und der Vanilleschote in ein gut verschraubbares Glas füllen, mindestens zwei Monate stehen lassen, ab und zu wenden. Das Glas darf dabei ruhig für ein paar Tage auf dem Kopf stehen. Anschließend die Mischung filtern. Den Zucker mit 1/4 Liter Wasser aufkochen, dann mit dem Alkohol vermischen, in Flaschen abfüllen, gut verschließen, lagern – und nur ausgewählten Freunden anbieten!

Wenn die Blätter fallen: Festliche Laubgirlande

Jeder hat eine Jahreszeit, die er besonders gern mag. Wenn Sie den Herbst mit seinen leuchtenden Farben und seiner Fülle lieben, wird Ihnen diese Girlande aus buntem Herbstlaub gefallen. Sie gefällt Ihnen sogar sehr – aber Sie wissen nicht wohin damit? Befestigen Sie sie als Willkommensgruß an Ihrer Haustür, winden Sie sie um Ihr Treppengeländer, nageln Sie sie auf eine alte Tür und lehnen Sie diese gegen eine kahle Wand, dekorieren Sie Ihren Eßtisch damit. Aber am besten fangen Sie gleich mit dem Laubsammeln an. Wenn Sie das erst mal haben, ist alles andere eine Kleinigkeit.

Sie benötigen:

Wilder Wein, Weinlaub, Kastanie, Eiche, Ginkgo, Brombeerranken, Ahorn, oder was immer dekorativ und leuchtend bunt ist.

Früchte und Beeren von
Peperoni (gelb, orange, grün)
Knoblauchzwiebeln, Wilder Wein, Johannisbrotschoten, Zierkürbis, Brombeeren
Brombeeren und Zierkürbis dürfen aus Gründen der Haltbarkeit (und wegen des Gewichts) unecht sein.

Zubehör
Rolle Bindedraht
Steckdraht zum Andrahten
Klebepistole
Kordel von der Länge, die die Girlande haben soll

So wird´s gemacht:

Binden Sie das Herbstlaub zu kleinen Sträußen zusammen und winden Sie diese mit Wickeldraht rings um die Kordel, und zwar so, daß die Stiele jeweils von den nächsten Büscheln verdeckt werden.
Wenn die Girlande überall schön gleichmäßig rund ist, werden Beeren und Früchte, Peperoni, Pilze und Knoblauchzwiebeln darauf angebracht. Sie können Sie andrahten, aber einfacher geht das mit der Klebepistole. Besonders dekorativ sind Zierkürbisse, die es in allen Farben und Formen gibt. Aber weil sie ziemlich schwer sind, haben wir sie in diesem Fall ausnahmsweise durch naturgetreue Kopien aus dem Gartencenter ersetzt. Die falschen Kürbisse (aus Pappmaché) sehen täuschend echt aus, aber sie wiegen fast nichts und fallen deshalb auch nicht so leicht herunter.

Tip: Ranken vom Efeu, von Brombeeren oder vom Wilden Wein lassen sich besonders leicht – und dekorativ – in Girlanden einarbeiten.

Ganz gleich, wo Sie diese prächtige Herbstgirlande anbringen – Sie werden überall damit Bewunderung hervorrufen. An einem kühlen Ort bleibt die Schönheit ohne Probleme monatelang erhalten. Staub läßt sich vorsichtig mit einem Fön entfernen.

Petersil und Suppenkraut... kleine Sträuße, die großes Aufsehen erregen

Vergessen Sie an dieser Stelle einmal Rosen, Tulpen oder Nelken. Die Sträuße auf den folgenden Seiten bestehen aus Sellerie und Sonnenblumenkernen, aus Blumenkohl und Broccoli, aus Radieschen und Rotkohlblättern. Wetten, daß Ihre Gastgeber einen solchen Strauß noch nie bekommen haben?

Was heißt hier Blumenvase? Dieser Strauß kommt in den Suppentopf –

aber erst, nachdem er von allen – Gästen wie Gastgebern – ausführlich bestaunt worden ist – und keinesfalls vor Übermorgen! Denn einen solch raffinierten Suppenstrauß bekommt man schließlich nicht alle Tage.

Sie benötigen:

Gemüse und Kräuter
Sellerie mit Knolle und Blattwerk
1 kleine Aubergine, orangefarbene Peperoni, 2 Rosmarinzweige, 1-2 Lorbeerzweige, Blätter vom roten Zierkohl, falls nicht vorhanden, Grünkohl, 1 Rote Rübe mit Blattwerk

Zubehör
Steckdraht und eine kräftige Zange
grünes Floristentape, Bindedraht, naturfarbener Bast

So wird's gemacht:

Sellerieknolle, Rote Rübe, Peperoni und Aubergine andrahten und die so entstandenen künstlichen Stiele mit grünem Floristentape umwickeln. Mit reichlich „Blattgrün" (Zierkohlblätter, Rosmarin- und Lorbeerzweige) zu einem Strauß zusammenfügen. Die Stelle, an der sich echte Stiele und Drahtstiele kreuzen, mit kräftigem Bindedraht umwickeln und mit einer Schlaufe von naturfarbenem Bast verschönern.

Übrigens ...
Hier das Rezept für russischen Borscht: 3-4 Rote Bete, geschält und in feine Stifte geschnitten. 2 Karotten, 2 Lauchstangen, 1 Zwiebel und eine Scheibe Sellerie in kleine Stücke schneiden und zusammen mit einem Lorbeerblatt, 3 Wacholderbeeren und 6 Pfefferkörnern in 1 l Wasser eine Stunde lang zugedeckt köcheln lassen. Danach zusammen mit den Roten Rüben erhitzen, ohne daß die Suppe aufkocht. Mit Zukker, Salz und Zitronensaft abschmecken, 1 Becher Sauerrahm unterrühren.

Falls der Suppenstrauß zunächst doch in eine Vase kommen soll: Besonders hübsch sieht er in einem Keramikgefäß aus. Aber Vorsicht, der Strauß ist schwergewichtig. Sicherheitshalber sollten Sie die Vase von innen mit einem Stein beschweren.

Alles Kohl!

Zugegeben, einen Strauß Tulpen zu besorgen, geht schneller. Der Kohl-Strauß, den Sie auf dieser Seite sehen, kostet ein bißchen mehr Mühe. Dafür ist er aber auch mit Sicherheit der witzigere und originellere. Fest versprochen: Sie werden sich ganz bestimmt nicht verkohlt vorkommen!

So wird's gemacht:

Sämtliche Kohlarten andrahten und die so entstandenen künstlichen Stiele mit grünem Floristentape umwickeln. Mit reichlich „Blattgrün" (Lauchstangen bzw. Frühlingszwiebeln), Rosmarin- und Lorbeerzweigen zu einem buntgemischten Strauß zusammenfügen, die Stelle, an der sich echte Stiele und Drahtstiele kreuzen, mit kräftigem Bindedraht umwickeln und mit einer Schleife aus naturfarbenem Bast verschönern.

Sie benötigen:

Diverse Kohlsorten, nach Möglichkeit die Mini-Größen, die mittlerweile gezüchtet werden: Grünkohl, Mini-Karotten mit Grün, Lauchstange, Broccoli, Mini-Rosettenblumenkohl, Mini-Weißkohl, Mini-Rotkohl, Radieschen, Rosenkohl, Mini-Blumenkohl

Blattgrün
Zweige von Rosmarin, Salbei, Lorbeer, 2-3 zarte Lauchstangen oder Frühlingszwiebeln

Tip: Vorsicht beim Transport. Der Strauß ist ziemlich schwer, selbst dann, wenn Sie alle Zutaten im Miniformat finden. Am besten, Sie überreichen ihn – in eine hübsche kleine Obstkiste verpackt.

Übrigens ...
Wußten Sie, daß der Spitzname „Krauts", den die Deutschen in den USA seit dem letzten Jahrhundert tragen, tatsächlich etwas mit unserer Begeisterung für Kohl- (englisch: Kraut) gerichte zu tun hat? Ernährungsforscher haben herausgefunden, daß im Jahre 1878 zwei Drittel aller in Deutschland angebauten Gemüsesorten in die Kategorie „Kohl" fielen? Spitzenreiter waren Weißkohl und Rüben!

Die neuartigen Züchtungen von Minikohlsorten werden neuerdings als Attraktion in vielen Gemüsegeschäften angeboten. Leider sind sie nicht gerade preisgünstig. Sie können eine Menge Geld sparen, wenn Sie sich unter den normalen Kohlsorten umschauen und besonders kleinwüchsige Exemplare auswählen.

Herbstliches Bukett

Wenn Sie Kohl- und Suppensträuße für ein wenig zu gewagt halten, aber trotzdem gern mit (teilweise) eßbaren Sträußen experimentieren wollen: Wie wäre es mit diesem Herbstbukett? Wichtig: Das Bukett sollte möglichst nicht in Wasser gestellt, sondern trokken aufbewahrt werden, am besten liegend, denn getrocknet ist es fast noch reizvoller als frisch.

So wird's gemacht:

Beginnen Sie mit den drei Farnwedeln und ordnen Sie in ihrer Mitte zunächst 1–2 Blüten-, Beeren- oder Fruchtzweige so an, daß sie etwas kürzer sind als die erste Reihe, und fügen Sie auf diese Weise weitere Reihen hinzu, die immer etwas kürzer sind als die vorhergehende. Achten Sie darauf, daß das Bukett seine flache, fächerförmige Form behält! An der Stelle, an der sich die Stiele kreuzen, binden Sie das Bukett mit einer farblich passenden Schleife zusammen.

Sie benötigen:

Früchte und Beeren
Physalis
Sonnenblumenfruchtstände mit Kernen

Blattwerk
Farnwedel
rotes Laub von der Blutpflaume
Weinlaub

Nicht eßbare Beeren
Fruchtstände vom Efeu
rote Ilexbeeren

Zubehör
Bindedraht
farbiges Band

Übrigens ... Lampionfrüchte von der eigenen Terrasse
Die Physalis, auch Lampionfrucht, Erdkirsche, Kapstachelbeere oder Andenbeere genannt, gehört in die Familie der Nachtschattengewächse und stammt ursprünglich aus Peru, ist in wärmeren Gegenden allerdings auch mittlerweile bei uns heimisch. Sie können den Samen aus im Handel gekauften Früchten gewinnen und selbst aussäen (ab April auf der Fensterbank). Ab Ende Mai kann die Pflanze dann an einen warmen Platz im Freien. Ideal als Kübelpflanze. Die Physalis kann nämlich bis zu einem Meter hoch werden und kräftig wuchern!

Wenn alle Herbstblumen verblüht sind, können Sie Ihre Gastgeber mit diesem originellen Strauß aus Beeren und Fruchtständen überraschen. Fast das Beste daran: Er braucht keine Blumenvase. Man kann ihn zur Zierde überall hinlegen.

Der Frühling kann kommen!

Sie benötigen:

Blumen und Gemüse
eine schöngewachsene Artischocke
ein Bund Ranunkeln

Beiwerk
einige Schneeballzweige *(Viburnum tinus)* mit Blüten
Salallblätter

Zubehör
Steckdraht
Bast

Mit diesem kleinen Strauß können Sie das Ende des Winters und den Beginn des Frühlings feiern: Die einzelne Artischocke – ein typisches Wintergemüse – im Mittelpunkt des Straußes ist von vielen leuchtend pinkfarbenen Ranunkeln umringt, den Frühlingsbringern schlechthin. Eine unwiderstehliche Kombination!

Übrigens:
Statt der Ranunkeln können Sie bei diesem Strauß auch Rosen verwenden. Dann schlagen Sie möglicherweise sogar zwei Fliegen mit einer Klappe. Die Rose gilt nämlich wegen ihres Duftes als eine Pflanze, die die Frauen zur Liebe verführt. Rosenwasser war das erste Parfüm der Welt. Wir verdanken es dem berühmten arabischen Arzt Avicenna, dem es im 11. Jahrhundert als erstem gelang, Rosenwasser zu destillieren und in Flaschen abzufüllen.

So wird's gemacht:

Die Artischocke andrahten und mit Ranunkeln und Schneeballzweigen zu einem runden kleinen Strauß binden. Den Abschluß bildet eine Manschette aus Salallblättern. Stiele mit Bast zusammenbinden und gleichmäßig abschneiden. Einfacher geht's nicht!

Bei diesem Strauß sollten Sie einmal verschwenderisch sein: Die schönste Artischocke, die Sie beim Gemüsehändler auftreiben können, ist gerade schön genug für diesen Strauß. Eine harte ledrige Pflanze hat neben den zarten Ranunkeln – oder Rosen – keine Chance!

Kleine Herbststräuße – am besten für Sie selbst

Zu guter Letzt zeigen wir Ihnen noch ein paar Beispiele für kleine Sträuße, mit denen Sie sich selbst eine Freude machen können. Wenn Sie unbedingt möchten, dürfen Sie sie natürlich auch weiterverschenken. Aber dann machen Sie zumindest je zwei davon und behalten eines für sich. Sie haben es sich verdient!

Sie benötigen:

Kräuter und Beeren
Hagebutten
immergrüner Schneeball mit metallicblauen Beeren (nicht eßbar!)
Salbei und/oder Rosmarin

Zubehör
Bindedraht und Schleife

So wird's gemacht:

Hagebutten Kopf an Kopf zu einem dichten Strauß binden. Darum zuerst einen Ring aus blauen Schneeballfrüchten legen und dann einen Kreis aus zartrosa Viburnumblüten. Als letztes winden Sie eine Manschette aus Viburnumblättern (kleines Bild rechts).

Tip: Alle Sträuße können entweder in eine Vase gestellt, liegend oder aber kopfüber hängend aufbewahrt werden – am besten alle nebeneinander. Toll sieht es aus, wenn Sie um die Sträußchen eine Kette aus Hagebutten oder Schlehen winden!

So wird's gemacht:

Fügen Sie die Hagebuttenzweige Kopf an Kopf zu einem dicken Strauß zusammen. Umgeben Sie die roten Hagebutten mit einem Kreis von blauen Schneeballbeeren (entfernen Sie vorher die grünen Blätter) und umhüllen Sie den Strauß mit einer Manschette aus Salbei und blaublühendem Rosmarin. Mit Bindedraht zusammenhalten, Schleife drum – fertig ist der Strauß (Bild links).

Sie benötigen:

Kräuter und Beeren
Hagebutten
immergrüner Schneeball mit weißrosa Blüten und metallicblauen Beeren (der immergrüne Schneeball, *Viburnum tinus*, trägt gleichzeitig Blüten und – leider giftige! – Früchte).

Blattwerk
Blattgrün
vom immergrünen Schneeball
wenn möglich Lorbeerzweige

Falls Sie keine Schneeballzweige mit blauen Beeren auftreiben können: mit den Fruchtständen vom Baumefeu sieht der kleine Strauß genauso schön aus.

Kleiner Strauß beeren-stark!

Sie benötigen:

Beeren
2-3 Zweige mit Schlehenfrüchten
4-5 Zweige mit Weißdornfrüchten
(zur Not tun es auch Hagebutten)
oder Sanddorn

Blattwerk
Kleine Zweige vom Lebensbaum

Zubehör
Bindedraht
farbiges Band

Bezaubernd hübsch ist dieser kleine Strauß, den Sie im Spätherbst fast im Vorbeigehen zusammenstellen können. Vorausgesetzt, Sie finden einen Schlehenstrauch oder einen Weißdornbusch, der über und über mit kleinen roten Beeren bedeckt ist.

Material für Ihre Sträuße findet sich überall – beim Spaziergang am Wegerand oder im Garten.

So wird´s gemacht:

Schneiden Sie alle Pflanzen auf die gleiche Länge zurecht. Beginnen Sie mit den Schlehen, die sind nämlich am knorrigsten gewachsen und am schwierigsten in Form zu bringen. Die Länge, in der die Schlehenzweige am gefälligsten aussehen, ist dann der Maßstab für die übrigen Pflanzen. Fügen Sie alle Schlehenzweige zu einem Sträußlein zusammen, das den Mittelpunkt des Straußes bilden wird. Um die blauen Schlehen gruppieren Sie dann kreisförmig und großzügig die roten Beeren. Das Ganze umhüllen Sie mit einer Manschette aus leuchtend grünen Trieben vom Lebensbaum. Binden Sie den Strauß mit Draht zusammen, dekorieren Sie die Bindestelle mit einer wunderschönen roten oder blauen Schleife – und freuen Sie sich an dem ehrlichen Entzücken Ihrer Gastgeber!
Wenn Sie wollen,können Sie ihnen noch das Rezept für Schlehenlikör von Seite 44 überreichen.
Das ist aber wirklich ein Geheimtip!

Oft sind gerade die kleinen Sträuße, die man im Vorübergehen pflückt, besonders liebenswert. Hier ist es die Farbkombination – dunkelblaue Schlehen, rote Weißdornbeeren und leuchtend grüne Zweige vom Lebensbaum –, die das Sträußlein so attraktiv macht.

Register

Verwendete Pflanzen und Sorten

Weitere Floristik-Titel aus dem Naturbuch Verlag

Ute York
Floristik mit Obst, Gemüse und Kräutern
64 Seiten, 70 Farbfotos
ISBN 3-89440-179-6

Dorothée Waechter
Blumenschmuck für Tisch und Wand
64 Seiten, 70 Farbfotos
ISBN 3-89440-181-6

Ute York
Blumensträuße für jede Gelegenheit
64 Seiten, 70 Farbfotos
ISBN 3-89440-169-9

Gudrun Selentsik-Zechner
Stilvoller Grabschmuck
64 Seiten, 70 Farbfotos
ISBN 3-89440-182-6

Claudia Wörner
Floristik für Advent und Weihnachten
64 Seiten, 70 Farbfotos
ISBN 3-89440-143-5

Ute York
Schöne Adventskränze
64 Seiten, 70 Farbfotos
ISBN 3-89440-178-8

Lucia Boch
Blumenschmuck für die Hochzeit
64 Seiten, 80 Farbfotos
ISBN 3-89440-168-0

NATUR BUCH VERLAG